TENERIFE
El hombre en su paisaje

Edición publicada con la colaboración especial del Excmo. Cabildo Insular de Tenerife
y de la Caja General de Ahorros de Canarias CAJACANARIAS

© 1998 Lunwerg Editores
© de los textos: los autores
© de las fotografías: Renate Müller

Creación, diseño y realización de Lunwerg Editores y Hajo Müller.
Reservados todos los derechos.
Prohibida la reproducción total o parcial sin la debida autorización.

ISBN: 84-7782-529-7 (Castellano- Aleman)
Depósito legal: B-41383-1998

ISBN: 84-7782-530-0 (Castellano- Inglés)
Depósito legal: B-41382-1998

LUNWERG EDITORES
Beethoven, 12 - 08021 BARCELONA - Tel. 93 201 59 33 - Fax 93 201 15 87
Sagasta, 27 - 28004 MADRID - Tel. 91 593 00 58 - Fax 91 593 00 70

Impreso en España

TENERIFE
El hombre en su paisaje

RENATE MÜLLER

FERNANDO GABRIEL MARTÍN
ANDRÉS SÁNCHEZ ROBAYNA

MEMORIA DE TENERIFE

La colaboración institucional entre el Cabildo Insular de Tenerife y CajaCanarias ofrece un nuevo beneficio para la sociedad tinerfeña, esta vez en forma de lanzamiento editorial. La coedición recoge los beneficios de la conocida sensibilidad de la fotógrafo Renate Müller, que inserta en este libro bautizado sencillamente con el nombre del espacio insular, una parte privilegiada de su quehacer artístico.

El volumen viene a ser el producto de una declaración de amor con Tenerife, que tuvo su origen, a modo de flechazo, hace veinte años. A esta tinerfeña adoptiva le ocurrió lo mismo que a tantas y tantas personas: desde el mismo instante en que se aproximó a la isla, quedó deslumbrada por la belleza que encierra nuestro territorio.

Tenerife recibe diariamente a una legión de visitantes, que disparan sus cámaras fotográficas y regresan a los lugares de origen con la huella de una estancia casi siempre inolvidable. Rodeados de familiares y amigos, muestran los recuerdos de sus vacaciones sobre el fondo de unos paisajes privilegiados y se convierten en nuestros mejores embajadores. De esta manera, el nombre de Tenerife da la vuelta al mundo, en forma de álbum fotográfico de parajes, en su mayoría pertenecientes a las rutas turísticas convencionales.

Pero el ejercicio fotográfico que protagoniza Renate Müller supone un idilio pleno con el territorio, con su paisaje y con su paisanaje. Aquella otra práctica cotidiana se enriquece aún más con la aparición de personas dotadas de su sensibilidad. La protagonista se adentra en la isla, abandona los circuitos más convencionales y se sumerge en su corazón. No se trata ya de una aventura circunstancial, ceñida a las fechas vacacionales, sino que adquiere formas de sólida historia de amor. La protagonista disfruta de la relación con intensidad, a través del análisis sosegado de todos y cada uno de nuestros rincones, muchos de ellos desconocidos incluso para los propios habitantes de la isla.

Entre los resultados de esta relación de la artista con su entorno sobresale entonces un legado de valor incalculable, a modo de memoria visual. Sólo en cuestión de segundos, la fotografía transforma el presente en pasado, en el intervalo que transcurre desde que la retina atrapa el «ahora» hasta que la cámara lo fija en el «después». El proceso se repite una vez tras otra, aunque en este caso se acrecienta por los efectos temporales —cuando no la acción del hombre— sobre el medio físico. De hecho, este trabajo de Renate Müller a caballo entre el espacio y el tiempo, invita también a la reflexión sobre la necesidad de perseverar en el control del territorio, para relentecer así el tránsito hacia la memoria.

ADÁN MARTÍN MENIS
Presidente del Cabildo Insular de Tenerife

AMAR LA ISLA

Hablar de Renate Müller, de la profesionalidad de su obra fotográfica, de su inmenso amor profesado a Canarias y especialmente a Tenerife, de su eterna dulzura y simpatía, estaría de más si no fuera porque esa profesionalidad, ese amor y esa simpatía por nuestra isla se ha venido trasluciendo a lo largo de los años a través de infinidad de instantáneas que han dejado plasmadas para la posteridad las más bellas imágenes de nuestro entorno natural.

Hace ahora algo más de diez años, CajaCanarias publicó un magnífico volumen de sus fotografías, aderezadas éstas con poemas de los más prestigiosos y reconocidos literatos de nuestras islas. *Tenerife en Poesía* se convirtió, entonces, en punto de referencia en la búsqueda de las imágenes identificativas de nuestra naturaleza: la desconocida, la viva y sin embargo desapercibida a los ojos del profano. Su obra, en forma literaria, traspasó fronteras y arribó a Inglaterra, Francia y Alemania. A todos estos países llegaron las bellezas de Tenerife envueltas en la intemporalidad de la poesía y en el halo de sutileza de la fotografía.

Con este nuevo libro, Tenerife cuenta con otro soporte visual para sus paisajes y paisanajes, con otra posibilidad de darse a conocer a propios y extraños, con otra visión sobre su pasado reciente y su realidad inmediata.

Y todo ello destilando dulzura; la dulzura de Renate Müller.

CAJA GENERAL DE AHORROS DE CANARIAS
CAJACANARIAS

AL MENOS NOS QUEDAN LAS IMÁGENES

Desde la llegada de Renate Müller a finales de los setenta, hemos sido testigos de los profundos y radicales cambios habidos en estos veinte años, con muchos recursos destruidos por el camino y con una intervención ambiental muy agresiva, tal como muestra un simple cotejo de muchas fotografías suyas con la realidad actual. Coincide esta degradación con la gestión autonómica del patrimonio, tras las transferencias de 1983, y desde ese momento la región es la única responsable de su destino cultural. Entre los mecanismos de control y fomento que posee la administración era prioritaria una ley específica sobre el patrimonio canario, cuyo primer borrador es de 1989, y que todavía se discute en el Parlamento regional. El retraso es grande y la ley llega cuando ya se han ejecutado las transferencias y la consecuente atomización administrativa en siete pedazos de unidades de gestión. El patrimonio es difícilmente repartible, y, como cimiento de lo canario, es uno de los paquetes que debe atar y gestionar una comunidad autónoma, máxima responsable de su tutela. Otra cosa son las especificidades insulares, condicionadas por una geografía dispersa, y el compromiso de las restantes administraciones con su protección y promoción.

Somos una comunidad aún sin inventarios de nuestros bienes culturales. La necesidad de un catálogo de Bienes de Interés Cultural canarios es urgente para salvaguardar lo que aún tenemos. Un problema grave es la restauración, que en general es más invención que recuperación, una esquela para muchos lugares, edificios y bienes muebles, que cuestiona la idoneidad de muchos profesionales. Por otro lado, la mayoría del dinero se destina al patrimonio religioso que goza de un excesivo proteccionismo frente al más abundante e igualmente imprescindible patrimonio civil y popular.

En medio de este panorama, al historiador le toca el incómodo papel de marioneta molesta. Está claro su compromiso moral y profesional, pues enseña e investiga el patrimonio, aunque por desgracia dominan las discrepancias y la desunión. Este hecho es más preocupante cuando abunda el intrusismo profesional y las componendas de los grupos de poder se generalizan. Frente a estas barreras, la defensa concienzuda del patrimonio se asemeja a una actitud masoquista, que causa sufrimiento y conflictos personales, que se suma a otras confusiones finiseculares, más cuando no se sabe cuál es el límite, el nivel de resistencia colectivo. No debemos olvidar que el concepto de patrimonio cultural implica la idea fundamental de que sigue y seguirá vivo, útil si se quiere.

Alternativas para el mantenimiento y disfrute del patrimonio hay muchas, pero pocas se han aplicado. En primer lugar el fomento de estímulos culturales por medio de campañas de sensibilización y su incorporación a la enseñanza, pues es necesario conocer para amar y valorar. Los gestores y políticos y los medios de comunicación tienen esa asignatura pendiente con ellos mismos y con toda la sociedad. Es interesante el fenómeno de la recuperación reciente de la casa popular, unida a la cultura del ocio del fin de semana y provocada por la nostalgia y el escapismo. Necesarios son los estímulos económicos que animen a las personas a no abandonar las viviendas tradicionales y que, a cambio de visitas a algunas partes del edificio, rebajen su carga fiscal. Otra acción necesaria es la diversificación de usos que garantice la conservación de la arquitectura con su ocupación por organismos públicos, asociaciones o colectivos. En una región como Canarias puede parecer contradictorio que la consideración del patrimonio como industria haya sido un asunto obviado por la política turística, a excepción de ciertos cotos paisajísticos y del tópico del sol y la playa. También reciente es el desarrollo del turismo rural, que puede ser una promoción turística adecuada de nuestros valores culturales, aunque los riesgos de mixtificación sean grandes. Otras islas atlánticas o mediterráneas, que han mantenido más intacto su legado patrimonial, han demostrado que la rentabilidad es compatible con el diálogo necesario entre la naturaleza, la historia, la modernidad y la calidad de vida.

En Canarias es necesario un proyecto cultural sólido e integrador, que vaya más allá de las romerías y los bailes de magos, casi lo único de la cultura tradicional que no se considera como «viejo» y «obsoleto», o sea no productivo ni rentable. El sentido del progreso actual es decimonónico, dominado por la especulación indiscriminada que produce la destrucción generalizada de todo tipo de referentes con las políticas de reconversión del suelo, carreteras o construcciones sustitutorias. Más preocupante es que cuando algunos ciudadanos discrepan, los gobernantes reaccionen con una soberbia e irresponsable actitud. También nos inquieta que cada vez se destine menos dinero para patrimonio o que se hagan sorprendentes campañas publicitarias para obtenerlo, prueba de las deficiencias institucionales en la gestión de los bienes culturales. Los políticos, la sociedad toda, debemos plantar cara al mal endémico de la cultura canaria para erradicarlo: ni hemos apreciado y guardado lo nuestro ni apoyamos al canario que triunfa. La desvalorización de los recursos propios y de la historia son una lamentable muestra de brutal incultura.

¿Qué es la historia? ¿Qué es la historia viva y para qué sirve? El patrimonio es memoria, presente o ausente, es un legado colectivo, algo que se construye, se hace, se madura con el paso de los años, que define a la región y sus gentes, y que necesita cuidado, vigilancia y mimo. Como el minuto anterior, el medio y la cultura heredados son terreno de la memoria, de una memoria común, material, visual, exponente del sentido estético y espiritual del pueblo canario. Entendemos que el patrimonio natural y el patrimonio histórico forman una unidad indivisible, en su condición de espacios naturales y espacios culturales complementarios, como evidencian las fotos de Renate. El patrimonio supera el concepto de propiedad privada pues pertenece y define al grupo antes que al individuo. En la sociedad actual es patente la crisis del sentido colectivo, la falta de un objetivo común de todos los canarios, una misma esperanza, más allá de adscripciones y tendencias. Los modelos de vida finiseculares, el abandono de la solidaridad, el individualismo y la cultura del dinero, agudizan el desapego del canario en aras de una pretendida modernidad que no ha aprendido a dialogar con el pasado o que no ha querido. La gravedad es mayor cuando observamos que uno de los más desdichados signos de estos tiempos es el silencio y que vivimos en medio de una comunidad callada y aturdida por pulsiones y angustias generadas por la sociedad posindustrial. La gran tragedia del hombre y la mujer contemporáneos es la anulación del pasado, la pérdida de memoria, y su gran necesidad pendiente es la recuperación de la escala humana para vencer la arrogancia que lleva a la autodestrucción.

Hoy somos ciudadanos inconformes, asombrados e impotentes ante la implacable roturación que está sufriendo la memoria espacial y cultural de las Islas. Las fotos de Renate Müller, aparte de grandes obras de arte, constituyen también un sólido documento sobre la ausencia, hermosas imágenes que asumimos como archivo de la memoria, pero que también avergüenzan por lo que hemos permitido, por lo que ya no tendremos, por hurtarles a nuestros descendientes del siglo XXI partes y elementos fundamentales que quedaban de las míticas Islas Afortunadas. Pero también, en su propuesta reflexiva, alientan a luchar por la conservación y fomento de nuestros paisajes y nuestras artes y así cumplir la misión atávica, y deber institucional, de proyectarlos en el tiempo.

Fernando Gabriel Martín
Catedrático de Historia del Cine y Medios Audiovisuales
Universidad de La Laguna

EXISTE UNA MANERA DE AMAR ...

Existe una manera de amar la realidad, las cosas, que significa, antes que nada, un estremecimiento ante la posibilidad de su pérdida, de su completa desaparición. ¿Deben desaparecer *también* las cosas? ¿Ni siquiera ellas son inmutables y eternas? Precisamente porque los hombres no lo somos, tal vez las cosas —un grupo de casas, los desconchados de un hermoso muro a la luz del atardecer, las caprichosas formas de un árbol que parece ser uno con su sombra— debieran permanecer invariables, para que quienes nos sucedan, nuevos amantes sin duda, las perciban —las amen— como nosotros lo hemos hecho. Amar de ese modo las cosas es como reconocer la fugacidad de todo cuanto existe. Es un amor elegíaco.

Recuerdo que mi primer encuentro con Renate Müller estuvo presidido por esta idea. En un cuarto en penumbra, un grupo de amigos veíamos un puñado de diapositivas realizadas por una mujer cuya obsesión parecía ser *fijar* unas imágenes contra la deflagración del tiempo. Las imágenes de paisajes, de figuras, de casas, de rostros, de objetos, se sucedían en el lienzo blanco. Las palabras de Renate Müller insistían una y otra vez en la cruel operación del tiempo. La fotografía era el único modo de detener la imparable marcha hacia lo oscuro de todo cuanto existe; la marcha hacia otra cosa. Allí estaba, fijo, un instante de la realidad. Pensé en el verso de Eliot: la fotografía *en el punto fijo del mundo giratorio*. Las fotos de Renate Müller son testimonios de un instante de la realidad, sí, pero también el testimonio de una belleza percibida de manera elegíaca. Belleza y dolor, sí, conjuntados en la imagen de un instante único.

Sin embargo, llama profundamente la atención el hecho de que todas estas fotos procedan de una tierra, de una isla —Tenerife— que está en el origen de ese sentimiento elegíaco. Renate Müller nos está diciendo así que Tenerife es su pasión y su obsesión, la razón primera y última de su arte fotográfico. Tenerife fue conquistando poco a poco a una persona que, también poco a poco, fue descubriendo los secretos de la isla.

Con Renate Müller he realizado algunas excursiones por Tenerife, por algunos de sus parajes más bellos y secretos. Su inagotable curiosidad, su mirada atenta, su instinto para extraer del lugar o del objeto una secreta esencia, son rasgos que se hacen visibles en sus fotos. Ella ha sabido llegar hasta esos parajes sin más guía que su pasión, su dolor, su búsqueda de una belleza a la que la fotografía rinde insustituible homenaje. De ahí que las fotos de Tenerife realizadas por ella durante años constituyan uno de los más valiosos documentos gráficos de una realidad humana, geológica, etnológica y, en fin, paisajística, que ella ama de una manera profunda y que ha llegado a conocer no menos profundamente.

El paisaje es un lenguaje, ha dicho un escritor nacido en esa isla a la que nuestra fotógrafa ha entregado su pasión, una pasión que ha sido tan bien correspondida por la isla. La fotografía va más allá de la mirada: no sólo intervienen en ella los ojos. Es también, en cierto modo, una *escucha*. Si el paisaje es un lenguaje, Renate Müller oye ese lenguaje. Oye —se diría— el rumor de la tierra.

Andrés Sánchez Robayna
Profesor de Literatura Española
Universidad de La Laguna

ÍNDICE DE FOTOGRAFÍAS

17. El Jardín–Los Realejos
18. La Zamora–Los Realejos
19. Desde La Cruz Santa
20. Yendo a la Playa del Socorro
21. La Tierra del Trigo
22. La Orotava
23. La Orotava
24. El Pinito
25. La Florida
26. La Perdoma
27. El Realejo Bajo
28. La Zamora–Los Realejos
29. La Cruz Santa
30. Adeje
31. La Zamora–Los Realejos
32. La Vega Alta
33. La Zamora–Los Realejos
34. La Victoria
35. El Camino de Chasna
36. Desde La Matanza
37. Desde La Matanza
38. Punta Brava
39. Icod de los Vinos
40. El Draguillo
41. San Antonio
42. El Tanque
43. Dejando Icod de los Vinos
44. La Esperanza
45. Icod de los Vinos
46. La Vica
47. La Vica
48. La Victoria
49. Playa del Socorro
50. El Tanque
51. Masca
52. Masca
53. Masca
54. Masca
55. Masca
56. Más arriba de San Pedro
    Masca
    Masca
    Masca
57. Masca
58. Teno Alto
59. Teno Alto
60. Teno Alto
61. Teno Alto

62. Masca
63. Masca
64. Hacia Arguayo
65. Arguayo
66. Cerca de El Río
67. Vilaflor
68. La Zamora–Los Realejos
69. Teno Alto
70. Vilaflor
71. Icor
72. Igueste de Candelaria
73. Icor
74. Desde Guía de Isora
75. El Médano
76. Igueste de Candelaria
77. Igueste de Candelaria
78. Igueste de Candelaria
79. El Prix
80. Cerca de El Río
81. Hacia Vilaflor
82. Las Cañadas
83. Las Cañadas
84. Las Cañadas
85. La Vica
86. Dejando El Camino de Chasna
87. La Vica
88. Aguamansa
89. La Matanza
90. La Vica
91. Hacia La Vica
92. El Batán
93. El Batán
94. Las Bodegas
95. Los Realejos
96. Almaciga
97. Almaciga
98. Taborno
    La Tierra del Trigo
    La Esperanza
    Masca
99. Los Abrigos
100. Taborno
101. Las Carboneras
102. Taborno
103. Taborno
104. Taborno
105. Taborno
106. La Tierra del Trigo

107. Taborno
108. Taborno
109. Taborno
110. Las Bodegas
111. El Draguillo
112. Las Bodegas
113. Las Bodegas
114. El Rincón
115. El Rincón
116. Santa Cruz de Tenerife
117. Tegueste
118. La Dehesa
119. Las Cándidas
120. Chamorga
121. Las Mercedes
122. El Prix
123. Hacia Taborno
124. Tacoronte
125. Hacia El Sauzal
126. Tacoronte
127. El Sauzal
128. Dejando Agua García
    Dejando Agua García
    Dejando Agua García
    Dejando Agua García
129. La Esperanza
130. El Draguillo
131. Barranco de La Fajana
132. Los Realejos
133. Barranco de La Fajana
134. Las Bodegas
135. La Matanza
136. El Rosario
137. La Orotava
138. El Prix
    Mirador de Don Pompeyo
    Playa del Socorro
    La Tejita–El Médano
139. El Prix
140. El Camino de Chasna
141. El Sauzal
142. Teno Alto
143. La Esperanza
144. Más arriba de San Antonio
145. Más arriba de San Antonio
146. Delante de Aguamansa
147. El Sauzal

22

TENERIFE

Man and his Landscape

A MEMORY OF TENERIFE

Cooperation between Tenerife Island Council (Cabildo Insular de Tenerife) and Caja-Canarias is once again of benefit to the people of Tenerife, on this occasion by bringing a book into existence. This joint edition provides the advantages of the well-known sensitivity of Renate Müller, the photographer, a special part of whose artistic production is present in this book whose title is none other than the island's name.

The book has come about as a sort of declaration of love for Tenerife – it was a case of love at first sight some twenty years ago. This adoptive daughter of Tenerife felt the same as a great many other people: from the very moment that she reached the island, she was enchanted by the beauties that our island contains.

A host of visitors arrive on Tenerife every day, who take photographs and return home with the imprint of a stay that is almost always memorable. In the company of their family and friends, they show off the souvenirs of their stay to a backdrop of a series of privileged landscapes, and thus become our best ambassadors. So Tenerife came to be known around the world, as a series of photographs of its landscape, most of which were taken on the traditional tourist trails.

However, Renate Müller's choice of photographs shows us the paradise that this land is, with its landscapes and country folk. Everyday photography is improved upon when people with her sensitivity come onto the scene. Our photographer gets right into the island, far from the tourist routes, to search for its heart. And this is no circumstantial adventure limited to the tourist season – it is more of a genuine love story. The protagonist enjoys the relationship intensely through a calm analysis of each and every one of our nooks, many of which are not even known to the people of the island.

One of the outstanding results of this relationship the artist has with her environment is a visual memory, a legacy whose value cannot be calculated. In a question of seconds, the present becomes the past thanks to the photograph, all that it takes is the period of time between the eye choosing the image and the camera fixing it in the past. This process is repeated over and over again, although on this occasion it is increased by the effect of time – if not of man – on the physical environment. The fact of the matter is that this work of Renate Müller's, caught in space and time, also invites us to reflect upon the need to maintain our control over the land in order to slow down its transition into the past.

Adán Martín Menis
Chairman of Tenerife Island Council

LOVING THE ISLAND

There would be no need to speak of Renate Müller, of the professional quality of her work, of her great public love for the Canary Islands and particularly for Tenerife, of her constant amiability, her loving nature, were it not because this professionalism, love and amiability for our island had not come across down the years through an infinite number of snapshots that have left the most beautiful pictures of our natural environment for posterity.

It is now somewhat over ten years since CajaCanarias published a marvellous volume of her photographs embellished by the poems of our islands' most prestigious and best-known writers. Then, "Tenerife en Poesía" (Tenerife in poetry) became a reference point in the search for images that identified our being: all that was unknown, alive but still unnoticed by the eyes of the profane. This literary version of her work crossed our frontiers to arrive in England, France and Germany. The beauties of Tenerife reached those countries cloaked in the timelessness of poetry and her photography's halo of subtlety.

This new book provides Tenerife with a new visual endorsement of its landscapes and people, another chance of becoming known here and abroad, another view of its recent past and its present reality.

And all of this radiating warmth: the warmth of Renate Müller.

CAJA GENERAL DE AHORROS DE CANARIAS
CAJACANARIAS

AT LEAST THE PICTURES REMAIN

Renate Müller's arrival here in the late seventies coincided with a period of twenty years of deep, major transformations when many resources have been destroyed and which has involved a highly aggressive treatment of the environment, as becomes obvious from a simple comparison of many of her photographs with the present situation. This blight has coincided with local management of our heritage – it was transferred in 1983, since when the region has had sole responsibility for its cultural affairs. Among the administration's mechanisms of control and promotion, a specific law on the Canary Islands' heritage was a priority; the first draft dates from 1989, and it is still being debated in the regional parliament. This is a long delay, the law has arrived after the transfers had already been made, and management had consequently been divided up among seven administrative units. It is difficult to divide up our heritage, which being what binds the Canary Islands together, is one of the matters that should be kept together and managed by the Region itself which is where the final responsibility lies. What is specific to each island is another matter, conditioned as they are by our far–flung geography, and the various administrations' agreement to protect and promote them.

Our region still lacks an inventory of our cultural resources. The Canary Islands urgently need a Register of Items of Cultural Interest if we are to protect what still remains. Restoration is a serious problem, as it is generally more invention than rescue, and is the kiss of death for many places, buildings and effects, which causes us to question the suitability of many of the professionals involved. On the other hand, the greater part of the money available is spent on our religious heritage, which enjoys a far higher degree of protection than our more abundant but equally important civil and traditional heritage.

In the midst of this panorama, the historian is obliged to make a bit of a nuisance of himself. His moral and professional commitment is evident, as he researches and teaches heritage, although unfortunately differences and dissension seem to be the order of the day. The situation is worsened by unqualified people entering the profession, while chicanery is rife in power groups. Given these obstacles, a conscientious defence of our heritage becomes a sort of masochism that brings about personal suffering and conflicts on top of whatever other confusion exists in this fin de siècle atmosphere – aggravated by not knowing where the limits lie, what the level of collective resistance is. It must not be forgotten that the concept of cultural heritage includes the basic idea of something alive, both now and in the future, even of something useful.

There are many alternatives for maintaining and enjoying our heritage, but few have been applied. In first place, the encouragement of cultural stimuli by way of awareness-raising campaigns and inclusion in education, as what is not known cannot be loved and valued. This matter is still pending in so far as our administrators and politicians are concerned, both with regard to themselves and to society as a whole. The recent phenomenon of retrieving the traditional house is of interest, linked as it is to the culture of leisure and the weekend, brought about by nostalgia and escapism. Financial stimuli are necessary to encourage people not to abandon the traditional house – in return for allowing certain parts of the house to be visited a tax break should be provided. Another necessary action is broadening their range of uses to ensure the buildings remained in existence – they could be occupied by public bodies, associations and groups. It seems contradictory that a place like the Canaries could neglect the possibility of heritage as an industry; it has been ignored by our tourism policy which, except for a number of parts of the landscape, goes no further than sun and sand. Rural tourism is another recent development in tourism that could fit in with our cultural values in spite of the fact that the risks of mestissage are great. Other Atlantic and Mediterranean islands which have preserved their physical heritage to a greater or a lesser degree have managed to demonstrate that profitability is compatible with the necessary dialogue between nature, history, modernity and quality of life.

The Canary Islands need a solid, inclusive cultural project that goes beyond the popular religious processions and traditional costume dances – virtually the only part of our traditional culture that are not considered to be "old-fashioned" and "backward" – or, in other words, neither productive nor profitable. Our present idea of progress is itself out–dated, dominated by indiscriminate speculation and policies directed at changed landuse, road-building and replacing old buildings that causes the generalised destruction of all sorts of referents. What is even worse is that when a citizen challenges this, those in power react in an arrogant, irresponsible manner. Another worrying point is that less and less money is put into our heritage, and that surprising publicity campaigns are carried out to obtain it, which demonstrates the deficiencies in the administration's management of our cultural heritage. Our politicians and society as a whole should face up to and eradicate that ever-present failing of the Canaries' culture: we neither appreciate nor preserve what is ours, nor do we support the Canary Islander who makes it to the top. The fact that we underrate our own resources and our history is an unfortunate expression of our lack of culture.

What is history? What is living history and what use is it? Heritage is memory, present or absent, it is a collective inheritance, something that is built, is made, that matures over the course of the years, that defines the region and its people; that requires care, attention and love. Every bit as much as the minute just gone by, our inherited environment and culture form part of the memory, of a common memory, both material and visual, and express the spiritual and aesthetic sense of the people of the Canary Islands. We understand the natural and historical heritages to form an indivisible unity, complementary natural and cultural spaces, as can be seen from Renate's photographs. Heritage goes beyond the idea of private property, as it belongs to and defines the group rather than the individual. The crisis in our collective being is patent in modern society, the lack of a common aim of all the Canary people, a single aspiration above and beyond individual affiliations and affinities. Life styles at the end of this century, individualism, the money culture, relinquishing solidarity – they all accelerate the uprooting of the Canary islander in the interest of a supposed modernity that has neither learnt from nor wanted to enter into dialogue with the past. The matter becomes even worse when we see that silence is one of the most unhappy signs of our times, and that we live in the midst of a society stifled and confused by forces and anxieties generated by postindustrial society. Modern men's and women's great tragedy is the cancelation of the past, the loss of our memory, and what is still very much pending is a return to a human scale of things in order to defeat the arrogance the leads to self-destruction.

Today the citizen disagrees, is astonished but impotent in the face of the destruction of the Islands' spacial and cultural memory. As well as being great works of art, Renate Müller's photographs form a solid document on what is gone, beautiful images that we take on board as an archive of our memory, at the same time as they embarrass us for what we have permitted, for what we no longer have, for robbing our 21st-century descendants of important parts and elements of the mythical Isles of the Blessed. But her reflections also inspire us to fight to conserve and develop our landscapes and our arts, and thus fulfil the atavistic mission and institutional duty to send them on through time.

FERNANDO GABRIEL MARTÍN
Professor of History of the Cinema and Audiovisual Media
La Laguna University

THERE IS A WAY OF LOVING ...

There is a way of loving reality, of loving things, that is first and foremost a quiver on thinking of them lost, gone forever. Do things have to disappear too? Are not even they immutable and eternal? Precisely because we men are not so, perhaps things – a group of houses, the bare patches on a beautiful wall in the evening light, the erratic shape of a tree that seems to form a unity with its shadow – should remain unchanged so that those who come after us, lovers themselves of course, will see them and love them just as we have done. This way of loving things is a manner of acknowledging the transience of all that is. It is an elegiac love.

I remember my first meeting with Renate Müller as being dominated by this idea. We were group of friends in a dark room looking at some slides taken by a woman who seemed to be obsessed with securing these few images against the ravages of time. Pictures of landscapes, figures, houses, faces and objects followed one another on the white screen. Renate Müller's words continually insisted upon the cruel machinations of time. Photography was the only way of halting all existence's ceaseless march towards oblivion; its march towards otherness. There, an instant of reality remained fixed. I thought of Eliot's line: photography in the fixed point of the revolving world. Renate Müller's photographs do of course confirm a moment of reality, but also pay witness to beauty felt in an elegiac manner. Yes, both beauty and pain together in the image of a unique moment.

Nonetheless, our attention is greatly drawn by the fact that all of these photographs come from a single place, from one island – Tenerife – out of which this elegiac feeling springs. This is how Renate Müller tells us that Tenerife is her passion and her obsession, the prime and the uttermost reason behind her photographic art. Tenerife was conquered bit by bit by someone who managed to discover the island's secrets one after the other.

I have been on a number of trips around Tenerife with Renate Müller, visiting some of its most beautiful, most secret places. Her never-ending curiosity, her rapt gaze, her instinct in finding the place's or the object's secret essence are some of the features that her photographs display. She knows how to find these places with no other guide than her passion, her pain, her search for a beauty to which her photography pays irreplaceable homage. As a result, the photographs that she has taken on Tenerife down through the years form one of the most valuable graphic documents of reality, whether human, geological or ethnological, as well as of the landscape, all of which she loves as well as she knows it.

The landscape is a language in the words of a writer born here on this island which this photographer fervently loves – a fervour that has been returned by the island. Photography goes further than a gaze – more than the eyes are involved in it. To some degree, it also involves listening. If the landscape is a language, Renate Müller hears this language. We could even say that she hears the sounds of the earth.

ANDRÉS SÁNCHEZ ROBAYNA
Professor of Spanish Literature
La Laguna University

LUNWERG EDITORES

Director general
JUAN CARLOS LUNA
Director de arte
ANDRÉS GAMBOA
Directora técnica
MERCEDES CARREGAL
Maquetación
HAJO MÜLLER
Coordinación
MARÍA JOSÉ MOYANO
Traducción
COLM DE BÚRCA